La tertulia de Orlando

La tertulia de Orlando

Antología Poética
Tertulia de Orlando

Edición, corrección y prólogo
Francisco Henríquez

Copyright © 2019
Nombre del autor: Tertulia de Orlando
Edición, corrección y prólogo: Francisco Henriquez Rosa
Edición, corrección y dedicatoria: Dr. Luis Euripides Arzeno Romero
Todos los derechos reservados.
ISBN: 9781092637213
Imprint: Independently published

Dedicamos con el más profundo sentimiento esta antología poética a José Ladislao López, Félix doble, y Jacqueline Matias Rodríguez, miembros de la tertulia. Quienes desaparecieron de esta vida, dejando sus poemas y amistad, ellos se mantienen intactos en cada tertulia, en cada recuerdo y en lo más profundo de nuestros corazones.

Francisco Henríquez Rosa
Director de La Tertulia de Orlando.

Indice

Francisco Henríquez Rosa	15
Luis Eurípides Arzeno Romero	31
Oscar Delamota	45
Dulce Miñoso	55
José Ladislao López	63
Félix Doble	75
Juan López	83
Karen Perdomo	91
Erika Maya	101
Carlos Paulino	109
Argel Duran	117
Mayra Reyes Sapeg	123
Manuel Díaz	131
Ruth Maite Orozco	139
Delsy Rodríguez	147
Maribel Hernández	153

La tertulia de Orlando

Dedicatoria

La tertulia de Orlando dedica esta primera antología poética, a quienes con humildad se han convertido en el motor literario que mueve el engranaje que provee una pequeña hebra de luz, conocimiento y entretenimiento sano en la florida central.

Queremos dar las gracias a nuestros contertulios y a ese público exquisito que comparte con nosotros, el último sábado de cada mes, transportándose a un mundo de fantasías, escuchando nuestros poemas y disfrutando de nuestro variado entretenimiento en cada uno de nuestros encuentros.

Dedicamos esta antología a ustedes que son la esencia que nos guía en este parnaso multicolor. Ustedes nos llenan de regocijo y tranquilidad al visitar este cálido oasis de amor, amistad y cultura llamado "la tertulia de Orlando"

Dedicamos con el más profundo sentimiento esta antología poética a los poetas José Ladislao López y Félix Doble, también a la asidua amiga y contertulia Jacqueline Matías Rodriguez, todos miembros de la tertulia. ellos desaparecieron de esta vida física repentinamente, dejando su presencia con sus poemas que se mantienen intactos en cada tertulia, en cada recuerdo y en lo más profundo de nuestros corazones.

Dr. Luis Eurípides Arzeno Romero
Edición y corrección

La tertulia de Orlando

Prólogo

Luego de 20 años de tertulias, lecturas de poemas y talleres literarios, La Tertulia de Orlando celebra su aniversario de dos décadas con una antología poética donde aparece lo más diverso y prometedor de nuestra agrupación fundada en julio de 1998.

La primera tertulia se celebró el 18 de julio de 1998 en el local de la Librería "Hispanic Books", dirigida y fundada por la puertorriqueña Niza Ortiz, quien aportó mucho a la comunidad siendo la primera persona en distribuir y vender por primera vez en la ciudad de Orlando literatura en español y luego siguió sirviendo a la comunidad desde la biblioteca del Valencia Community College y la Biblioteca pública de Orlando.

Durante estos 20 años la Tertulia de Orlando no solamente ha estimulado el arte y la literatura sino también ha mantenido el calor amistoso entre la comunidad hispanoamericana que, entre tantas nacionalidades se mantiene como una sola familia, desde Argentina a Venezuela, de México a Puerto Rico o de Republica Dominicana a Colombia, que rompiendo con el elitismo tradicional ha albergado y recibido a escritores y amantes de la poesía de casi todos los países que cultivan la lengua de cervantes. Uruguayos, bolivianos, hondureños, nicaragüenses, salvadoreños, panameños, costarricenses, guatemaltecos, chilenos, peruanos y cubanos han honrado a La Tertulia de Orlando con su participación y amistad.

16 poetas, 9 hombres y 7 mujeres nos brindan una poesía fresca que va desde la herencia del modernismo hasta un experimentalismo lirico que trata de inventar una poesía para liberar el alma de la soledad y la inclemencia del tiempo. Poetas de Colombia, República Dominicana, Venezuela, Puerto Rico y Cuba, rencuentran su palabra en una inspiración colectiva y revolucionaria a la vez.

Aunque no todos los poetas de esta antología son contemporáneos, en su mayoría coinciden en su madurez como diáspora y su tradicionalismo romántico, con influencias de los más connotados poetas del continente americano, desde Martí a Darío o desde Vallejo a Neruda con las marcas indelebles de José Ángel Buesa, Julia de Burgos, Gabriela Mistral, Barba Jacob, Dulce María Loinaz, Vicente Gerbasi o Manuel del Cabral.

Nuestra felicitación a estos poetas, que, sin dejar de ser trabajadores, amas de casas o estudiantes han encontrado en sus vidas un minuto dorado para dedicárselo al lenguaje más bello de la vida que, es la poesía.

La tertulia, como una margarita que pierde tres de sus pétalos, cuando perdimos al poeta cubano José Ladislao López, al poeta dominicano Félix Doble y a la querida Jacqueline Matías Rodriguez, sus espacios no han quedado vacío más bien quedaron llenos de sus románticas líricas y sus sonrisas de amigos eternos. Esperamos que esta antología no solamente sea el principio de una tradición literaria en la Florida Central sino quizás una continuación de alguna generación perdida de poetas y bohemios que alguna vez pasaron por acá en busca del El Dorado o la Fuente de la Juventud.

Francisco Henríquez Rosa
Director de La Tertulia de Orlando.

La tertulia de Orlando

Francisco Henríquez Rosa,

La tertulia de Orlando

Francisco Henriquez Rosa, Santiago de los Caballeros 1957, realizó estudios en el Instituto Dominicano de Periodismo IDP, 1979 en Santo Domingo, República Dominicana, Colegio Universitario Eugenio Maria de Hostos, New York, 1982. Fue bibliotecario por 10 años en la Biblioteca Pública de la ciudad de Orlando, Florida. Dirigió un programa de radio cultural en "City Collegue" en Nueva York. Miembro del Instituto de Escritores Latinoamericanos (LAWI). Sus trabajos se han publicado en libros, revistas y diarios de Estados Unidos, República Dominicana y Argentina. Actualmente tiene publicado un libro de frases y aforismos de autores dominicanos, "Libros Revueltos, ganancia de pensadores", publicado en el año 2004 por Ediciones La Tertulia. en el 2015 fue el ganador del 4° PREMIO y una mención especial a dos poemas en el 34° Certamen Internacional de la Poesía "plaza de los poetas José Pedroni" de la ciudad de Acebal (Santa Fe, Argentina): En el año 2016 fue el ganador de una mención en el 35° del mismo Certamen Internacional. Es fundador y director de la Tertulia de Orlando en el estado de La florida

¿Olvidar, para qué?

Podría haberte olvidado
pero mis días
tienen más de 24 horas
y tus labios más calor
que todos los fuegos.

No puedo olvidarte
porque eres memoria
y la historia de tus ojos
lo dicen con tu mirada
de deseos.

El olvido no existe en mi discurso
porque tú lo escribiste
con el volumen azul
del beso eterno.

¿Olvidar para qué?
Si es el recuerdo compañero cercano
de esos momentos
que entibian el corazón.

A veces olvidar es recordar
por el afán terrible
de buscar en la memoria
los fragmentos perdidos
de esos momentos
únicos en dulzura.

Y ya no me acuerdo si te olvido
o te recuerdo
solo sé que fuiste y no serás
aunque tenga la memoria
manchada de tu nombre.

La despedida

Fue tu mirar silencio oscuro
una sombra floreada de misterios
que el año trajo en su plumaje frio.

Alfombra entre las nubes
sonrisa entre las flores
coros de multitudes en el cielo.

La paloma ya no trae los mensajes
se fueron con la brisa de la playa
y quedaron las piedras con su brillo.

La noche se congela sin un grito
la ternura utopía que no vuela
esperando la luz de las tinieblas.

En torno a la silueta está tu nombre
grabado en letras largas
con tinta de la selva.

Hoy miro tus cabellos
peinados por el tiempo
esperando mis manos en silencio.

Mi pensamiento es tuyo
y tu voz es mi boca
que te llama con besos.

La despedida, nunca
bienvenida, tal vez
ahora y en la hora, amén.

De cuando en vez de vez en cuando
sigo pensando en ti
muriéndome de años.

¿Desojar margaritas, para qué?
Si el amor no es ruleta
ni el cariño ajedrez.

Y tal vez hubo fuego
y cenizas no quedan
que tiznen este verso.

Trueque

Te cambio mi camisa
por tu espalda de nubes.

Te cambio mis dos ojos
por tus senos despiertos.

Te cambio mi sombrero
por tu cabeza ardiente.

Te cambio mi sendero
por tus piernas sin rumbo.

Te cambio mi silencio
por tu voz que es un mundo.

Cambio todos mis libros
por tu cerebro inquieto.

Te cambio tu misterio
por mi publico anhelo.

Imagen del silencio

Me quedé mirándola fijamente
en blanco y negro
buscando en el brillo
de sus ojos el deseo perdido.

Ni siquiera parpadeaba al mirarla
porque me miraba también
buscando en mi la realidad
de una vida que no se acaba.

Miraba su boca, su nariz
y hasta su frente y todo el rostro
maravillado por el misterio.
Yo, parpadeaba de tanto mirarla
ella, no.

Yo sonreía, mirándola
de arriba abajo, desde el cuello
hasta la última brisa
de su pelo negro,
y ella, ni siquiera
una mueca de vida,
sólo, una sombra de silencio.

Así, me quedé dormido,
mirándola
y desperté con ella
en mi mano izquierda
con mi pulgar
acariciando la foto.

Suena tu voz

Como campana ardiente
sonando y soñando
laberintos de amores.

La mueca de tu voz
o la alfombra azul
que dibuja tu lengua
con el sonido ardiente
del deseo.

La sonrisa que cabalga
al compás de las golondrinas
de un Bécquer Enamorado
que dibuja tú voz.

Tu voz que aletea
como pez convertido
en paloma.

Tu voz que murmura
el sonido ardiente
de unos labios volcanes.

La mueca de tu voz
pantalla gigante de placeres
donde diente y lengua
son los mejores amigos
del beso clandestino

Poema al mar

¿Espejo azul, o verde?
De miles caras
que te asemejas a viento
a noche y a tormenta.

Tejes tu luz de sal
en cada roca que ilusionas
con esos golpes de marea
que a cada rato marcan su tormento.

Mar, lisonjero y de espesura cuando niño
que eras un gigante
que no sabía reír.

Mar de amores e ilusiones
Mar que recuerdo

Hoy te contemplo de lejos
añorando tu salado ruido
y tu espuma de amor

como de espermas celestiales
esperando el encuentro
con la orilla coqueta.

Tu profundidad no es tu principio
ni tu color tu monumento
el horizonte tu cómplice amigo
que hace creer que estas muy lejos,
disfrazando los barcos en lejanía
y haciendo de un adiós de puerto
un regreso sin fecha.

Lo que me quedó de ti

Me quedó de ti la nada
el espejo de lo que no se ve
la sombra de un sol que ya se fue.

Me quedó de ti el recuerdo
de lo olvidado
besos que se fueron
con la lluvia...

Me quedó de ti
una sonrisa incierta
y de colores vivos
que murieron en la foto.

Me quedó de ti
la última sílaba
de un "te quiero"
que se borró con el llanto.

Me quedó de ti
un dedo de tu mano
aquel que no quiso
dejar el último abrazo.

Pensar en ti.

Hoy no he de pensar en ti
pero miro por la ventana
y la noche dice tu nombre,
Hoy no debo pensar en ti
pero el árbol del patio
se columpia por ti.
Hoy no puedo pensar en ti
pero hay razones
que niegan esa teoría.
Hoy no siento pensar en ti
pero el reloj
me pregunta por ti.
Hoy no quiero pensar en ti
y el corazón me dice: Mentiroso.

La tertulia de Orlando

Luis Eurípides Arzeno Romero

La tertulia de Orlando

 Luis Eurípides Arzeno Romero, 15 de noviembre de 1948, La Romana, República Dominicana. Estudió el bachillerato en el Colegio San Francisco de Asís. Ya afloraba su vocación literaria al escribir en 1967, "Adiós, primer amor". Egresó de la Universidad Nacional Pedro Henríquez Ureña con el título de doctor en cirugía dental. Se graduó de doctor en medicina en la Universidad CETEC. Su primer libro fue "Principios de radiología dental" en 1983. Su segundo libro fue el poemario "Volverás a amar" publicado por ediciones la tertulia. En el 2014 fue el ganador del 3er premio con el poema "sombra" en el 33 certamen internacional de la poesía "plaza de los poetas José Pedroni" de la ciudad de acebal (santa fe, argentina): En los años 2015 y 2016 fue ganador de una mención en los certámenes 34 y 35 con las poesías: "alzhéimer" y "amor". El autor está casado con Adela Magdalena Chía Rodríguez, procrearon a Luis Ernesto (Luimy), Alan Alexander y Karol Michelle Arzeno Chía. actualmente es miembro de la tertulia de Orlando FL USA.

Esclavo

El silencio de la amada me atormenta,
es mi alma el instrumento que utiliza.
Como gaviota al aire escurridiza;
mi cuerpo adolorido se lamenta.

Llega a mi ventana muy contenta,
su potente mirada me hipnotiza.
Besando el velo de tu piel cobriza;
por ósmosis mi cuerpo se alimenta.

Yo no sé si al besarme está atenta
de que mi corazón se paraliza;
Al provocar en mi alma una tormenta.

Aquella tierna gaviota huidiza,
hoy ve con orgullo el poder que ostenta.
Y al verme enajenado me esclaviza.

Adiós, primer amor

Simple fue el espacio que ofreciste;
para albergar el amor y el ego.
Simple fue el cariño que no niego,
muy simple el amor que no me diste.

Átomos azules que regaste;
sabiendo que el corazón es ciego.
Encendieron con amor el fuego,
que llegada la noche destruiste.

Muy simple fue amarte con apego
y entender que nunca me quisiste.
Simple fue aquel día veraniego.

Simple fue el olvido que pediste;
viviendo una vida sin sosiego.
Y muy duro, saber que tú te fuiste.

Volverás a amar

Ella, llegará al alba con caminar silente;
entrará por la puerta para no buscarme más.
con un gorjeo sonoro entonará su canto
y como peregrina visitará mi altar.

Llegará a mi posada entrando de repente,
sellará mis labios y no hablaré jamás.
Mi inmóvil cuerpo lo cubrirá su manto,
secará mis lágrimas sin volver a cantar.

Tú, agarrarás mis manos y besarás mi frente;
acariciaras mis mejillas y luego llorarás.
Ante tus bellos ojos se perderá el encanto,
leerás mis poesías y querrás recordar.

Tú, llevarás mi cuerpo a un lugar silente,
y con un simple suspiro mi nombre olvidarás.
Sólo en las mañanas frías escucharás mi canto.
Pero yo sé que muy pronto, tu volverás a amar.

Tu corazón con su idioma de latir potente,
buscará nuevos labios y de nuevo besarán.
Bajo los rayos del sol te llenarás de espanto.
¡Yo, en realidad te digo, debes volver a amar!

Sombras

Entierro palabras en el jardín de tus oídos;
voy talando árboles, desapareciendo caminos.
Rompiendo tradiciones, cuelo tus penas.
Lloro perfume de mirra, sobre tus pechos.
muelo sombras del pasado, sobre tu cama.
y en el letargo de tus noches, desentierro amor.

Alzhéimer

En la nada que florece en su interior;
como vacío fugaz, es el olvido.
Sediento de un te quiero mis oídos,
la soledad donde nace mi dolor.

La sombra que se aferra a mi clamor;
remanente de todo lo vivido.
Con su pelo lacio encanecido
la figura central del filial amor.

Son mis penas que navegan sobre el rio.
Son sus labios que se queman con el sol.
Su mente se ha quedado en el vacío.

Simple metal que se funde en un crisol.
Sus lágrimas como gotas de rocío;
sin recuerdo, sin memoria y sin control.

Verso libre

Dicen que para ti soy un verso libre,
que guardas sin rimas en el corazón.
Un verso libre sin ninguna métrica.
Un verso libre esclavo del amor.

Deja que mi verso retoñe en tu pecho,
que llegue una luz, una nueva flor.
Deja que tu alma olvide las reglas,
una nueva forma de hacer el amor.

Amor

Amor es navegar sobre tu cama.
Un regalo divino de la vida.
Es el profundo goce que se anida;
cuando tu bello cuerpo se derrama.

Amor es arroparte aquí en el alma.
El recuerdo que jamás se olvida.
Es el goce que sana toda herida.
Cuando el deseo asoma por la rama.

Amor es, dormir en tu pensamiento.
Al jugar como niña alborotada.
Son dos cuerpos bañados por el viento.
Es un ave que vuela desbocada.

Amor es tener sed, beber tu aliento.
Es hacer el amor con la mirada

Si te encontrara

Si yo encontrara vida después de muerto
y frente a mi estuvieran tus labios rojos.
Los besaría olvidando viejos enojos,
para vivir de nuevo el mismo tormento.

Y si mi nave atraca en el viejo puerto;
escogería de nuevo tus lindos ojos.
Saciaría mis penas con tus antojos,
sembraría mi flora sobre tu huerto.

Crearía para ti bellos manojos,
para orlar tú templo con gran acierto;
Abriendo de golpe viejos cerrojos.

Caminaría perplejo casi despierto,
besando lo mejor de tus despojos
y nadando en la piel de tu desierto.

Oscar Delamota Lora

La tertulia de Orlando

El poeta Oscar Delamota Lora, nació en La Vega, República Dominicana, el 31 de enero de 1958. Culminó sus estudios en su país natal y emigró a los estados unidos en el año 1983, radicándose en la ciudad de new york hasta marzo del 2001, cuando decidió trasladarse definitivamente a la ciudad de Orlando, florida, junto a su esposa Margoth y sus hijos. Su pasión es escribir, plasmar con palabras el paraíso que es la vida y lo bello del amor. Nada satisface más al autor, que despertar cada mañana y observar motivos de inspiración para crear poemas dedicados a su esposa de casi tres décadas y disfrutar, segundo a segundo, el aire que respira y los matices que le rodean. La poesía es su vida. Es miembro de la tertulia de Orlando, florida.

Travesía

La geografía de tu cuerpo
es una asignatura aprendida.
Las montañas de tu pecho desembocan
en el riachuelo de la vida,
y el oasis que encuentro
me despiertan la sed que nunca termina...
entonces...
Sucumbo ante tus besos.
tus caricias me transportan
al afluente inevitable
de tu cuerpo,
madrugan tus gemidos,
nos olvidamos del tiempo.
Sólo existes tú en mi mundo
y yo en tu universo!

Ternura

Tus ojos me miran fijamente
mientras percibo tu aroma
y te beso... dulcemente.
Tus labios incitantes,
invitan a mis labios
explorar sabores nuevos,
exquisitos...
que, al besarnos,
te enloquecen
y aceleran tus latidos.
Tu cuello, tu espalda,
tu pecho, tu vientre,
palpitan sin cesar,
presienten,
el preciso instante
en que mis besos invadan
cada espacio de tu mente.
Mis dedos traviesos
desesperan tu espera...
Tus espacios vacíos
se llenan conmigo,
complementa tu estampa
las curvas de mi abrigo,
y en lento recorrido
muerdo suavemente

tu cuerpo sin fuerzas,
agotado y rendido.
Y te beso con brío
y con ternura te digo,
susurrando en voz baja
las palabras más bellas,
escuchando mi voz
musitando en tu oído:
eres la mujer que adoro,
eres la mujer que ansío!
Y te beso y te beso
y te abrazo y te beso
al gritarte TE QUIERO
innumerables veces,
disfrutando mi amor
te acaricio de nuevo
y extenuados, duermes.

La Mujer Y La Naturaleza

Tu pelo, cual cascada suave como una seda
Tus ojos, como cuevas que encierran misterios desconocidos.
Tu nariz, erguida, como pico de montaña que reina todo.
Tu boca como el mango que no terminas de saborear.
Tu cuello largo, elegante, como tronco de un árbol florido.
Tus senos, como olas perseguidas por el incansable viento.
Tus brazos como ramas de árboles,
tu espalda como una playa que espera,
tu piel como las aguas del mar.
Tu ombligo cual remolino que me arrastra a su destino.
Tu sexo como un arroyo bordeando un oasis de paz.
Tus piernas como raíces, sosteniéndote con fuerza.
Tus pies, delicados y bonitos,
¡Culminan la descripción de esta mujer que amo tanto!

Inquietud

Amor,
cuando estamos solos, que significa
una pícara sonrisa tuya
con ese tierno abrazo juguetón?
Que significa cuando
me volteas, me mortificas, me desesperas.
Cuando despiertas al hombre que te ama.
Aquel que, en el silencio infinito,
siente tu ternura, tu calor,
el olor inconfundible de tu cuerpo
y el terciopelo de tu piel?
Tu abrazo me fortalece,
tus ojos cómplices me hablan,
se cierran lentamente
y me invitan al amor.
Tú haces que mis dedos toquen
el piano imaginario de tu espalda.
Que se deslicen por los acordes de tu nuca
y suban dispersos por tu pelo.
Que jueguen como niños con tu cuello
y como adultos, desciendan a tus pechos.
Que al recorrer cada pulgada de tu cuerpo
confundan tus sentidos.
Que te hagan vibrar
(al soplar suavemente
en intervalos de tiempo).
Y a lo lejos escuches mi voz

susurrando un te quiero.
Que te hagan volar
a lugares lejanos
sin abandonar tu cielo,
despertar a mi lado
en un abrazo de fuego
recibiendo caricias
que estremezcan tu cuerpo.
Continuando el recorrido
mis besos llegan a tu vientre
y mis dedos traviesos
mortifican tu sexo.
¿Sabes?
Así nacen poesías sin rimas ni palabras...
así creamos arte sin pinceles sin atriles.
así se escriben libros sin títulos, sin paginas
así surgen pentagramas, sin notas, sin claves...
Qué bonito es quererte sin tapujos,
qué bello es despertar diariamente a tu lado,
qué bonito es sentir que respiras, que me
miras, que traviesa sonríes y me matas.
Pero más bonito es el sentirse querido
por la mujer que se ama.

A mi madre Eneida

Me traes recuerdos,
momentos de infancia,
cuando en tu regazo
me contabas cuentos.

Cuando me cantabas
canciones de cuna,
y cerrando mis ojos
me alegrabas el alma.

¡Como me besabas!
con los besos de madre
que en la frente me dabas,
y sanabas heridas
sólo con palabras.

Y al leer conmigo
esos cuentos de hadas,
viajábamos juntos
con tus libros de magia.
Esos recuerdos mamá,
no los cambio por nada.

tu amor siempre es el mismo
no importan circunstancias.
Te quiero con todas las fuerzas de mi ser

y le agradezco a nuestro Señor,
haber elegido a la mujer,
que orgullosamente hoy, llamo madre.
la que me llevó en su vientre,
y al verme nacer,
cambio mi vida y su vida para siempre!

Dulce Miñoso

La tertulia de Orlando

La poeta Dulce Miñoso, oriunda de Salcedo, República Dominicana. Egresó de la Universidad Autónoma de Santo Domingo con el grado de maestra docente. Sus mayores entretenimientos, leer, viajar, cuidar de los nietos y escribir poesías. En la actualidad vive junto a su esposo en el estado de la florida y es miembro activa de la Tertulia de Orlando florida, USA.

Encuentro

Tú que espera encontrarte
con alguien muy diferente,
tú que andas buscando
tesoros para ti.

Atrévete a encontrarte
responsablemente
con ese que escondes
muy dentro de ti.

Planea sabiamente
ese encuentro contigo,
observa las riquezas
que hay en tu interior.

Encontraras ideas
galopando en tu mente
y encontraras poesía
allá en tu corazón.

Lastima

Que por lastima mi amor,
te quedas a vivir conmigo;
así no lo quiero yo,
tu lastima me lástima.
Que sólo obtenga migajas
de un amor muy compartido.
Las migajas no me llenan.
Reinaría en mí un vacío.
me sentiría en el mundo,
cual golondrina sin nido.
Para mí la vida así
tendría ningún sentido.
No es egoísmo, amor,
lo que yo quiero contigo,
a ti yo te quiero todo,
no te quiero compartido.

Poesía

Una flor que desmaya
en tu mesa de noche
es poesía.
El pétalo que cae
en mojado jardín
un poema es.
El sonar de la lluvia
al golpear tu ventana...
El espacio vacío
que creó el abandono,
recuerdo de unas manos
que tocaron tu piel.
El beso que no diste,
el amor que anhelaste
y que no pudo ser...
Un suspiro en el aire
evocando recuerdos,
una araña en tu mente
tejiendo algunos versos,
enlazándolos todos
hasta que puedan ser.
Armonioso sonido
matemáticamente
que te toca en el alma,
hasta erizar tu piel.

Dolor

Me duelen tus palabras
y también tu silencio.
Me duelen tus preguntas
y me duele tu amor.

Es un dolor constante
que va conmigo siempre.
Una angustia infinita
me produce tu amor.

Yo, sin embargo, sigo
con la esperanza siempre,
de que cambien las cosas
y cese mi dolor.

Crepúsculo

Cual llama de fuego
dibujada en el cielo,
como pinceladas de un pintor.
Sobre islas grises
en diferentes formas
se paseaban las nubes
como de algodón.

Un rojo cobrizo y rojo escarlata.
En el horizonte refrescan el alma
de cualquier poeta, o cualquier pintor.
Cuando el, la observa detalladamente
en silencio y calma, la puesta de sol.

José Ladislao López

La tertulia de Orlando

 José Ladislao López, nació en Chaparra, central azucarero de la provincia de oriente, cuba, un 27 de junio. Sus primeros estudios los realizó con la misma maestra de su papá, José Nicolás y por idea de su mamá, Alicia Zenaida, continuó su carrera de contabilidad y piano en la escuela bilingüe, instituto Édison, de la habana. Residía en Orlando, donde aún viven sus hijos Olivia y Alejandro, de los cuales tenía tres nietos. Fue un apasionado de la poesía. El poeta José Ladislao López era miembro fundador de la tertulia de Orlando. José Ladislao López falleció el 1ro de julio del 2017.

La gloria de tu amor

Dicen que, para al morir
poder la gloria alcanzar,
debo dar sin recibir,
temer a Dios y rezar.

Para en la gloria vivir,
sin morir y sin rezar,
digo yo debo alcanzar
que me brindes tu calor,

Que sea mío tu sentir,
que te consuma mi ardor.
Que yo no quiero más gloria
que la gloria de tu amor.

"A otros poetas"

Algunos llevamos
una estrella en la frente
que solo ven
los que también la llevan.

Por eso al conocernos
nos supimos hermanos.

Por eso nos saciamos
del agua de una fuente.

Mar de besos

Un mar de besos te diera por una gota de amor.
Un mar de lágrimas tengo para llorar el dolor
de no poder entregarte la mar de besos que tengo, para tu gota de amor.

Necesito decirte que te quiero

Necesito decirte que te quiero.
No solo a ti, al mundo entero.
Me lo quiero oír decir en voz alta esta vez
y no en silencio,
como a cada minuto me lo voy repitiendo.

No es darte el corazón

No es darte el corazón lo que me pesa
o el vacío en que cae si te lo doy.
Ni el amor que te di, si ¡más te diera!
el que me queda por dar... Ese me pesa.

Cuando sean ya un recuerdo

Tus manos y tus besos se quedan en mi pecho,
cómo queda mi almohada perfumada de ti.
Cuando sean ya un recuerdo volveré por más besos
...y a perfumar contigo otra almohada feliz.

Moléculas mías

Las moléculas mías se disgregan también
a veces a mis ojos, haciendo que te llore,
a veces a mis manos, por tocarte otra vez.
O, ansiosas de tu cuerpo, se esparcen por el mío,
haciendo que te sienta con todos mis sentidos.

Y me cubren la boca con mil de tus besos,
que yo, poco a poco te voy devolviendo:
¿Cuántos a tus ojos, cuantos a tu cuello?
y cuantos, a tu pecho, donde al cabo me duermo!

De anhelo se desatan por toda mi cintura,
buscándote la tuya,
me inflaman de deseo, me llenan de tu olor
y, abrazado a la almohada – creyéndote conmigo –
nos damos al amor.

Y, no sé cuántas veces, mis moléculas tristes
me han cerrado los ojos...
Y, vueltas pensamientos, te han salido a buscar.

Primer amor

¿Qué mundo es este
en que cierro los ojos para verte
y me quedo en el silencio
para decirte más?

¿Cómo aquí la distancia
nos acorta el camino?
¿Cómo es que si duermo
para sonar contigo,
es estando despierto
cuando te sueno más?

Y, como en este mundo,
apenas conocido,
¡Todo lo que conozco se llama como tú!

La tertulia de Orlando

Félix Doble

La tertulia de Orlando

 Félix Doble, nació en Santo Domingo, República Dominicana, noviembre 5, 1960 y murió en la ciudad de Orlando, florida el 4 marzo del 2019. Realizó estudios secundarios en el liceo Juan Pablo Duarte en Santo Domingo, RD. Fue estudiante de artes plásticas en la escuela nacional de bellas artes siendo alumno del pintor Guillo Pérez. Se destacó también en el arte culinario por 8 años con una especialidad en comida italiana, en la ciudad de new york. Fue estudiante en el manhattan College de New York. Félix también participó como miembro voluntario de la policía de New York. Fue miembro de la tertulia de Orlando y tenía en preparación un poemario de su producción poética. Le sobreviven su esposa e hijos.

Presiento

A veces presiento que mi alma está en sombras,
que mi fuente de vida se agota lentamente
que la luz de mi aura se torna insostenible,
la llama de mi espíritu es vela ya en el fondo,
y sólo sabe Dios cuanto más brillará
mi pobre alma cansada.

El paisaje de tu piel

En la erótica estructura de tu hermosa anatomía, mi
imaginación se crecía vagando en la geografía de tu
delicada piel, después de besar tu boca jadeante,
sensual, peligrosa, solamente me provoca explorar tu
anatomía, como alpinista me arriesgo
sujetándome en tu pelo bajando el acantilado
que existe entre tu pecho y tu rostro;
viajando por la explanada de un valle fabuloso
entre dos grandes montañas semejantes a tus senos,
en dirección sur continuo mientras cruzo por tu
vientre sobre un desierto caliente que anticipa la
planicie de tu pelvis firme y llana, caminé algo
cansado, finalmente descubrí un oasis fresco...
Donde quise descansar y dejar mi agotamiento
hasta quedar sin aliento, permitiendo que mi esencia
como agua fresca en el suelo fertilizara tu selva.
Luego jugármelo todo por retomar ese viaje
disfrutando los paisajes de tu hermoso continente.

Melancolía gitana

Como el mar embravecido
profundo en mi pensamiento,
escondido un sentimiento
latente como un dolor
que no logro descifrar.
Porque marcaste mi vida
con tu singular belleza,
hoy ya nada me interesa
solo pienso en el ayer,
que cual volcán apagado
sumergido en el lamento,
yo voy quemando mi tiempo
sin disfrutar de los días,
eres la melancolía
que marchitó la ilusión,
devuelve a mi corazón
la alegría que tenía.

Expresiones del alma

Las expresiones del alma brillan con todo esplendor,
un rayo multicolor ilumina mis sentidos,
complementa la visión matizando los sonidos,
allí la imaginación cabalga a riendas sueltas,
en un lugar paradisíaco saturado de belleza,
creado con ilusiones los manantiales y flores
de increíble variedad, ese mundo sub-real
de naturaleza virtual, maravilloso lugar
que surgió de un sentimiento.

Sutileza femenina

Que bella es la mujer
cuando se deja querer,
cuando se torna sencilla
como la frágil caricia
de la lluvia en el tejado
en una noche de frio.
Su vientre es fuente de vida
porque dios así dispuso.
y la contemplo dormida
mientras cuido de su sueño
dichoso me siento, el dueño
de un cariño tan puro
y al amanecer me aseguro
de continuar contemplando
sus labios, su pelo, y sus ojos
que continúan aun cerrados,
y mi mano se desliza
sobre su piel suave y tersa,
embriagado en el aroma
de su perfume de rosas,
y al despertar de mañana
ella es aún más hermosa
y sonriendo me provoca
con su mirada sutil.

Juan López

La tertulia de Orlando

El poeta del pueblo Juan López. nació en puerto rico el 24 de junio de 1947. Mejor conocido como el poeta del pueblo, este ilustre puertorriqueño es un abanderado de las décimas, las que maneja con destreza, conocimiento y belleza. Juan cuenta en sus haberes con más de tres libros de poesías, los que enaltecen no solo a los puertorriqueños, sino a todos los latinoamericanos que residen en la diáspora. Juan López es miembro de la tertulia de Orlando.

Sueño con tu amor

En el ocaso de mi vida, tú llegaste
tan bella, tan hermosa, llena de juventud
devolviendo, la luz que a mi vida faltaba
llenándome de bríos,
y haciéndome sentir tan joven como tú.
no sé si esto es de ahora, o ya te había soñado
Como flor primorosa en el amanecer
yo sé que no es capricho, me siento enamorado,
porque eres flor hermosa, la más bella mujer.
Declararte mi amor te juro que quisiera
pero comprendo que para mí es muy tarde.
Por sentirte mía hasta mi vida diera
y mantener esta llama la que en mi pecho arde.
Eres amor prohibido, el amor que nunca podría
alcanzar.
Pero aun así agradezco a cupido
por darme en ti el motivo para poder soñar

No quiero despertar

Permite que mis ojos te desnuden
que te despojen de todita tu ropa
para verte cual licor bendito
y tu cuerpo sea mi añorada copa.

Que los que me embriaguen sean tus dulces labios
y el fuego de tus besos me calcine de amor.
Llenándome de bríos, con inmenso vigor
disfrutándote toda sin pensar en agravios.

Que tus ojos me miren con profunda mirada
y tu hermosa silueta al tu ·cuerpo voltear- ··
me dejen saber que quieres ser amada
y si esto es un sueño, no quiero despertar.

Deseos pecaminosos

Eres la estrella que a mí me deslumbra,
y me atrae con sublime magnetismo.
Desde que te conocí, ya yo no soy el mismo.
Te tengo que admirar por tus dotes de hembra.

Tus dotes femeninas me enloquecen.
y a mí frágil mente contaminas.
Me vuelves loco al mirar como caminas.
Y tus labios sensuales pétalos me parecen.

Al mirarte bailar tus movimientos
hacen que te desee una y mil veces.
Con tu belleza mujer tú me enloqueces.
Estas ansias de amarte me causan sufrimientos.

Te quise yo mirar como una hermana.
y quererte con anhelos afectuosos.
Pero un vendaval de pensamientos incestuosos,
desfilaron por mi débil mente humana.

Mis pensamientos hacia ti pecaminosos,
hacen que te desee constantemente.
Y soñar que seas mía virtualmente.
Y sentirme tuyo, entre tus brazos primorosos.

Eres flor madura

Con tus pétalos abiertos al amor
brindando de tu néctar la dulzura
y tu fragancia con perfume embriagador.

Majestuosa en el jardín de la vida
luciendo tu tersura y tu color
envidiada por capullos conocida
como la más bella emperadora del amor

Tu sonrisa cual corola reluciente
la que el viento acaricia con vigor
y yo cual abeja muy sediente
por obtener tu polen bella flor.

Cuando pienses en mi

Cuando te encuentres sola a la distancia
Y sientas el deseo febril de estar conmigo
Sólo cierra tus ojos y contigo;
Mi amada yo estaré para calmar tus ansias.

Si de pronto tu livido supera sus niveles
Abraza tu almohada fuertemente sobre tu pecho
Y siènteme, que estoy allí en tu cálido lecho
Y deshójate cual ramo de claveles.

Por mas que quieras, no pronuncies mi nombre
Y muérdete tus labios con esa sensación
Ya que estará viviendo la mas bella ilusión
Al sentirte tan mia, y que yo soy tu hombre.

Karen Rossy Perdomo

La tertulia de Orlando

Karen Rossy Perdomo, noviembre 28 de 1980. culminó sus estudios en su país natal en el colegio nuevos horizontes, estudió arquitectura en la Universidad Autónoma de Santo Domingo, República Dominicana, Practicó yoga y le gusta expresarse a través de la poesía. A mediana edad inmigró a los estados unidos, radicándose en la ciudad de Orlando, florida. Su gran pasión es escribir a la vida y al amor. La poeta Karen Rossy Perdomo es capaz de arrancar las notas musicales del viento, molerlas con sus delicadas manos y plasmarlas en un papel convirtiéndolas en bellos poemas de amor. Ella es miembro de la tertulia de Orlando florida, usa

Noche especial

Noche de luna blanca
noche de pocas estrellas
noche de vinos en copas
noche de pedro guerra.

Noche de beso tu boca.
noche de versos en servilleta
noche de pétalos en cama
noche de rica cena.

Noche de abrazos fuertes
noche de luz de velas
noche de miradas profundas
noche de verdades a medias.

Noche de escasa ropa
noche de color perla
noche de amor divino
noche que ya no recuerdas.

Nosotros

No es que no te amo
no es que no te quiero
es que siempre vas bajando
cuando voy subiendo.

Nunca estamos de acuerdo
ni para caminar el perro
si yo digo blanco
tú dices que es negro.

Ya no me cuentas tus cosas.
Ni yo te digo las mías
y al ritmo que vamos
se nos acaba la poesía.

Fuimos dos idiotas
que se cruzaron en una vía
compartimos unas cuantas cervezas
y quisimos compartir la vida.

Si pudiera

Si pudiera borrar de tu historia;
las cosas que aun te dañan.
puede que abras los ojos
y veas cuanto hieren tus palabras.

Cuando dices que mis versos,
nunca son para ti;
es que no te has fijado,
lo que he cambiado por ti.

Si pudiera parar el tiempo
para retenerte a mi lado y
decirte cada noche
lo mucho que te amo.

Si pudiera taladrar tu mente
con un beso apasionado;
tal vez te darías cuenta,
que cuentas con mis manos.

Si pudiera encontrar la forma
de hacerte sonreír.
Sí tan solo pudieras notar;
que estoy aquí para ti.

No te quiero perder

Si pudiera cambiar tu ruta y
aunque la sonrisa es triste
y la mirada opaca
es el cansancio del día
lo que la noche me amarga.

Es la rutina de vida
es la maldita distancia
lo que hace en nuestras vidas
del amor una migaja.

Es difícil de explicarte
lo que por mi mente pasa
cuando noto el gran abismo
que a las dos nos abraza.

No me sueltes de tus alas
y no me dejes caer
que, aunque siento que te vas
no te quiero perder.

El destino no se escribe
ni con lápiz, ni en papel
y la historia de nosotros
será como tiene que ser.

Cuando duermes

Que dolor es sentir esta penuria
al ver que tú regresas agotado
viendo tu cuerpo lejano y cansado
yo trato de olvidar esta lujuria.

Yo te miro y deseo que me sueñes
y te observo mientras estas rendido
inmóvil, tranquilo, entumecido
con el deseo que de mi te adueñes

Pretendo que sientas este aliento
mientras me acerco a ti semidesnuda
deseando llevarte al firmamento

Voy alocada con la luna llena
ya no puedo más, quisiera comerte
pero al verte dormir, mi ser se frena.

Tú y yo

Tú me piensas
yo no te olvido.
Tú estas lejos
yo con frio.

Tú con ella
yo con el.
Tú sufriendo
yo también.

Tú en invierno,
yo en verano
Tú estás triste
yo llorando.

Tú dormido,
yo despierto.
Esta historia
de nuevo comienza.

La tertulia de Orlando

Erika L. Maya

La tertulia de Orlando

Erika I. Maya, nació en Itagüí Antioquia/colombiana el 17 de febrero de 1974. madre de Isabela y Juan Felipe, su vida la ha pasado viajando de Colombia a Estados Unidos. Proveniente de una familia obrera y con un alto sentido del dolor social, se ha convertido en una defensora de los derechos humanos y sobre todo de los niños. poeta de nacimiento, nos dice. "Seguiré estudiando esta carrera de ser humano, tal vez un postgrado en ciencias humanas o si me da la gana en matemáticas, pero definitivamente voy en camino a la graduación como ser humano; que importa que me pase las tardes enteras tomándome ese recreo con taza de café en mano admirando la belleza del mundo aunque apeste; echándome a reír de las barbaridades de los hombres mientras lo sublime se antepone ante los ojos, que me importa que me vaya pa' la casa por la puerta trasera del autobús si el caso es llegar y bien llegada mientras el señor que esta allá arriba le pone sello y firma a mi diploma" Érika es residente en Kissimmee, florida. Hasta que la vida la transfiera a otra parada.

Amigo mío

En tus lagrimas se deshace mi figura,
como si vos fueras algo así de mi esencia.
vos que apenas llegaste y entonces
acomodas tus tristezas
en el cuarto oscuro de las mías
y anaquelamos miserias juntos
en lo absurdo del tiempo sin memoria.
se me internan tus silencios y entonces
soy yo ahora el eco mudo,
y la sin palabra y la vaga caricia
de tus sinrazones.
Y no se explicarte amigo mío,
que es lo que me pasa cuando sin mirarte, te miro.
Es que aun no entiendo esas mariposas
que merodean mi espíritu cuando le caminas,
así taciturno; hasta envejecido.
Y me preguntas que me pasa cuando al acercarte se
escapa un suspiro, y te adhiero en mi pecho y me
hago sorda y no escuchar latido.
¡Ay! ¡amigo mío, y muero de pena
cuando tú me dices
que andabas buscándola a ella
y yo ahí contigo!

La barrendera
(Dedicado a la Sra. Maríia Melida Peña Olivo)

En el día once, del mes once de 1911, nació con su piel curtida por el aceite de coco y caña, todos cargaban a la niña, aromatizada por el fino almizcle que dejaba a todos impregnados, como si fuera un presagio, como un regalo eterno. Creció entre las hojas del patio contemplando la bandada de chichiguas que se escondían en las colosales copas, como si hablara con ellos en una actitud puramente sublime, algunas tardes la encontraban extasiada bajo su sombra, dibujando una sonrisa casi angelical mientras era cobijada por centenares de alas.
Buscaba entre los tiestos de geranios a tímidas abejas que libaban sus mieles y a todas ellas les tenía un nombre, era rutina cada mañana, correr entre sus colores rojos como sangre y saludar una por una, hacía un inventario del jardín y saludaba a cada nueva flor que abría, a cada rabo de nube, se despedía de las hojas caídas y las arrumbaba en un rincón del huerto; cual agradecimiento por haber sido parte del patio, luego en la tarde el viento tropical las soplaría, como ascendiéndolas; mientras ella con los ojitos llorosos les elevaba sus manitos ingenuas pasaron los años y se convirtió en la mejor costurera, diseñaba bordes entretejidos de plata con añadiduras de velo, todas sus confecciones se parecían a su patio; arrebolaban los

encajes con flores y mariposas; y alguno que otro traje de novia asomaba un aleteo de ave, igual al de las que tanto conversaban con ella de pequeña. Hoy a sus ciento cuatro años, todavía se levanta la fiel barrendera, hojas secas, yerbabuena, bienaventuradas azucenas, ceden el paso a su escoba que, en hora buena, aromatiza el patio con su presencia eterna. bajo el árbol en las tardes un grupo de pajaritos le cuentan historias viejas y se le aguan los ojos en el silencio de las penas. Una mariposa viajera posa sus colores de nube y recoge una a una lagrimita centenaria, ¡De su fiel barrendera!!

Nosotros...

Nosotros,
tan ocupados en detalles nos olvidamos de sí mismos.
Abarrotados como libros; acumulando historias.
Esperando a que alguien pase la página y reivindique estos fracasos. nosotros, tan llenos de pasado.
Permitimos hacer en el caldo de cultivo y limitamos ese -ahora-. matamos a toda costa al futuro aun sabiéndonos amados.
¿Te acuerdas cuando el olivo de tus ojos era mi remanso?
¿Cuándo deletrear mi nombre era tu deleite?
¿Y serpenteaba nuestro sexo en corredores y bosques otoñales?
Nosotros, que limitamos las risas por eso de no mostrarnos completos las felicidades y así no "sufrir".
dejamos que nos llevara en su borrasca el egoísmo y somos primera plana en la lista de los adioses. y hoy.
lejos de tu almohada. ¡te respiro! y abre mi corazón como capullo; se vierten en las golondrinas de tu pecho cabalgante

La tertulia de Orlando

Carlos Paulino Polanco

La tertulia de Orlando

 Carlos Paulino Polanco, nació en República Dominicana. Realizó estudios de derecho en la Universidad Autónoma de Santo Domingo UASD, además de obtener un bachillerato en el Hostos Community College de la ciudad de new york. Entre sus entretenimientos están la guitarra y el juego de ajedrez. Reside con su esposa en el estado de la florida. Su participación en esta antología es la primera publicando su poesía.

Veo

Como soy
amoroso
veo amor

Como soy
cariñoso
veo amor

Voy sentimental
siento
y veo amor

Sin saber

Saber que no supe
pensar lo impensable
que hacer
no se
los porqués
cuestionables?
No sé.
no sé si
guardas de mi
algún adiós
al partir
siendo
de mi vida
la ilusión
te vas y
me miras
en mi desolación.

Pensamiento

Saber todo
lo que piensas
no me importa

Sé que
quiero solo
un pensamiento ....
que soy tuyo

Dime

Lo que quise
que fuera el amor
no es

Algo se nos escapó'
dime
que fue'?

Llueve

Llueve
y así me siento
goteando
y con poco aliento

Somos
volátiles criaturas
nos contenemos
en cualquier moldura

Argel Duran Lores

La tertulia de Orlando

Argel Duran Lores, nació en la provincia de Guantánamo, en la república de cuba. Se incorporó a la escuela primaria a los cinco años, cursó sus estudios secundarios en el instituto politécnico de donde se graduó como técnico textil. Cursó estudios universitarios en ispjae de donde egresó con el título de ingeniero. Argel Duran es miembro activo de la Tertulia de Orlando Florida y se prepara para la publicación de su primer poemario.

La coliflor

Tus ojos son,
pinceles que dibujan
el amor.
Tus labios
entreabiertos,
como pétalos de flor,
sonríen al amor;
mientras los míos,
cual coliflor,
se posan en cada uno
de los pétalos
de tu flor.
Absorbiendo
cada néctar y tu olor,
y germinan nuestras vidas,
como la coliflor a la flor.

Soliloquio

Un beso te voy a regalar
en tus cabellos se va a quedar
en tu cuello se va a abrazar
diciendo te quiero de pasión,
en felicidad te va a colmar.
Un beso te voy a regalar
por tu cuello se va a deslizar
en tus senos se va a extasiar
y tu cuerpo en celo
de pasión lo hará vibrar
y aun estando lejos
yo te pueda amar.
Un beso te voy a regalar
para que la llama del amor
y la felicidad de lo divino
en tus senos,
se puedan extasiar.
Y en tu diario andar
soliloquio de nuestro acto de amor
en el viento pueda volar.

Emoción

Con las emociones de silencio
henchido de soledad
amor y frustración conjugados.
de impoluta verdad me visto de soledad llorando
cuando tu no estas.
Mis labios abrazando tu presencia.
Mis manos repletas de adioses y ausencias,
y mis ojos evocando tu presencia

Mayra Reyes Sapeg

La tertulia de Orlando

 Nacida en la ciudad de Barahona en el seno de una familia de origen Dominico Libanes de España. Transcurrió Mayra su niñez en La ciudad de Barahona. Con el comportamiento ejemplar de su abuela materna Ana Heyaime viuda Sapeg y de sus padres Manuel de Jesús Reyes Castillo y Victoria Sapeg Heyaime Incansables comerciantes y devotos padres. Estudió en el Colegio Divina Pastora de su ciudad natal y en la Universidad Apec en la ciudad de Santo Domingo de Guzmán. graduándose de Licenciada en Mercadeo; en la Alliance Françoise Du Paris estudiando el francés. Trabajo en Codetel dominicana recibiendo reconocimientos internacionales en Costa Rica por haber batido récords de ventas durante cinco años consecutivos, así como en la compañía de Seguros Popular por su labor de ventas. Recibió un reconocimiento por la comunidad dominicana en el condado de Osceola en el City Hall Court en Kissimmee por su labor comunitaria con los homeless y otras actividades comunitarias. Desde pequeña escribió cuentos infantiles con el seudónimo de Aryam Seyer que sus condiscípulos y profesores leían con agrado. Tiene tres hijos. Vive en los Estados Unidos de Norteamérica en el estado de la Florida desde hace diez años

Esos tus ojos amarillos

Cuando me miro en esos
tus ojos amarillos
penetro cual sirena marina
en mil océanos.

Con mi larga cabellera
y mis pechos al desnudo,
sintiendo la tibieza del océano
acariciando mi cuerpo ansioso
de esos, tus ojos amarillos.

Pensar en ti

No hay un solo día
que no deje de pensar en ti
como si fuera el primer día
el primer día
en que te conocí.

Madre teresa de Calcuta

Mujer de grandes virtudes.
Mujer de gran humildad.
Siempre ayudó a los humildes,
rodeada de su gran bondad.

Adalid, Adalid.

Adalid, Adalid.
por qué mi alma
no sopla en ti.

Adalid, Adalid.
por qué mi aroma
no te envuelve a ti.

Adalid, Adalid.
por qué mi amor
no te conmueve a ti.

Adalid, Adalid.
por qué las cosas
deben ser así.
por qué sufrir así

Adalid, Adalid.
sí supieras que estoy
pensando en ti.

Una eterna primavera.

Oh, como quisiera
que mi vida fuera
una eterna primavera,
adornada a lo largo
de mi vida,
con un huerto florecido
de lirios y azucenas.

Que el aroma del jazmín
y la gardenia,
acompañen mi camino,
marcando mi destino.

Oh, como quisiera
que mi vida fuera
una eterna primavera.

Oh primavera, así quisiera yo
que estuviese adornado
mi destino.

Y en el alma una aflicción
que se asienta vistiendo la piel de
adiós y cicatrices, que florecen donde
crece el desamor,
ilusión y esperanza convergen.

Manuel Rafael Viterbo Díaz Medina

La tertulia de Orlando

Manuel Rafael Viterbo Díaz Medina, nació en santo domingo, barrio San Carlos, república dominicana. Estudió en el colegio de la Salle y en el Colegio Cooperativo Fernando Arturo de Meriño donde se graduo de bachiller en ciencias físicas y matemáticas. Egreso de la Universidad Mundial Dominicana, con el título de ingeniero industrial. Desde muy pequeño le gustó la actuación, canto, lectura, baile típico, y la escritura, escribío su primera poesía titulada "esos tus ojos cafés" a la edad de los diez años cuando por primera vez experimenté el amor, seguí escribiendo, pero más me gustaba declamar y cantar. Trabajó con su padre en un modesto taller, como vendedor de productos médicos para toda la región este y en el gobierno de don Antonio Guzmán trabajó en la caja de ahorros para obreros y monte de piedad. Terminados sus estudios, por motivos económicos, se trasladó a la ciudad de new york, (1982) donde en sus ratos de ocio pudo tocar el saxo alto, los libros siempre fueron su pasión, un fracaso romántico lo llevó a refugiarme en la poesía. Actualmente reside en los estados unidos por los últimos 34 años, ha servido con orgullo a esta gran nación. Actualmente está retirado y dedicado a la lectura y la poesía.

Un nuevo amor

Con melancolía de un amor imposible,
la triste gaviota sollozaba a solas en el
viejo puerto.
su mirada perdida en el horizonte
donde se juntan el cielo y el mar
ya no hay veleros, barcos que llegan a él
ya no hay noticias de aquel amor
amor que un día fue fuerzas de su existir
razón de sus alegrías e ilusiones de vivir
que hoy murieron por su partida
solo las olas que bañan las orillas de las playas
saben de su dolor,
la luna como fiel testigo
cada noche ilumina su rostro
y le dice no llores abre tus alas
y emprende el vuelo a nuevos horizontes
donde un nuevo amor te espera
y una nueva vida has de comenzar

No lo recordaré

Mi poema tiene sabor a tristeza y desvelo.
por eso quiero en un canto ahogar,
este mi desamor del cual llevo tanto dolor, que
me tuesta los huesos, que me sume en un
embeleso. No creo que me está pasando a mí.
¡Dios cuanto dolor!
Creí en tus besos, en tus juramentos de amor
no me di cuenta de que caí como tonta en las
redes de tus engaños y mentiras. ¡No tienes
corazón!
Más un día llegaran otras primaveras
a mi alma y volverán a florecer los jazmines.
volverá el corazón a latir por un amor
verdadero
y solo quedara el recuerdo de tu infame amor.

Así duele

Así duele este amor.
Duele tenerlo tan lejos entre espacios
y tiempos y tan cerca del alma,
clavado como aguijón de muerte.
Es ahogarse en el silencio de la soledad
sin el aire embriagador de ese sutil aroma
que me dejó su cuerpo.
De ese sabor de tu piel, húmeda, de terciopelo,
más hoy, solo tengo en mis recuerdos
la tempestad de tenerte y no tenerte.
Mis palabras llovieron sobre ti acariciándote
amé desde hacía tiempo tu cuerpo de nácar soleado.
Hasta te he creído dueña y soberana del universo
te traeré desde las montañas cacao y café.
del valle, avellanas, rosas y jazmines de apasionados
besos y si me dejas amarte como quiero, entonces
amada mía haré contigo lo que la primavera hace a los
cerezos.

Tus palabras

Mis palabras llovieron sobre ti acariciándote
Amé desde hacía tiempo tu cuerpo de nácar soleado
hasta te he creído dueña y soberana del universo
te traeré desde las montañas cacao y café.
del valle, avellanas, rosas y Jazmines de apasionados besos
y si me dejas amarte como quiero, entonces amada mía
haré contigo lo que la primavera hace a los cerezos.

La tertulia de Orlando

Ruth Maite Orozco de Lara

La tertulia de Orlando

Ruth Maite Orozco de Lara, nació julio 14 de 1973, hija de padres dominicanos y creció en New Jersey. El amor a la literatura fue cultivado por sus padres desde muy temprana edad. Comenzó a escribir desde los 9 años. Se graduó de administración de empresas de New Jersey City University. Trabaja para el sistema escolar público en el área de contabilidad desde hace más de 20 años, pero su pasión ha sido la literatura. Planea hacer una maestría en escritura.

Llegaste

Entonces la vida hizo una pausa...
Y llegaste a cambiar mi mundo.
Llegó el calor, color canción
mi pasión, mi amor, mi inspiración.

Agradecida

Agradecida del amor de mi familia,
del cariño de un amigo, de mi fe,
de la música, las flores, la comida,
la poesía, los años, lo vivido, lo bueno,
lo malo, lo que viene y lo que vendrá…
En fin, agradecida de la vida.

Hoy

Hoy entre versos y poesías,
en todas encontré algo que hablara de ti,
de mí, de lo nuestro, del amor.

Su primer amor

Al salir de su lado con rumbo agitado;
voló como ave buscando su espacio.
Sin saber buscaba su olor entre tantos
aturdida pasaba por caminos extraños
y su ausencia callaba entre la rutina y los años.
Confundida y errada, no entendía su caos.
Lo buscó y lo encontró, diferente, desgastado
como niña lloró conmovida en sus brazos.
Con su aroma recordó las memorias de antaño.
Que fue el su primor, de una niña la ilusión
la ternura, la afición, su apellido, el amor
y su origen comprendió……… Esa niña soy yo.

La tertulia de Orlando

Delsy Rodríguez

La tertulia de Orlando

Delsy Rodríguez, nací en new york, pero crecí en el pueblo de toa alta, puerto rico. nací con varios dones o regalos de Dios, entre ellos la poesía y la habilidad para escribir desde el corazón. Descubrí este don a los 14 años cuando dediqué unas cortas líneas a un amor desde la pureza de un corazón joven, inocente y con miles de preguntas. Aunque la poesía y la fotografía son dones con los que nací, estudié un bachillerato en ciencias de enfermería en el recinto de ciencias médicas en san juan, puerto rico. Vivo en la florida central desde 1990, estando en la florida es cuando decido hacer un compendio de mis poesías y publico mi primer poemario "sentimientos míos y tuyos" para 1998, un poemario sencillo y con poesías que llamo livianas. A través del tiempo he seguido escribiendo; hay tiempos que llamo tiempos de esterilidad poética en donde no hago nada, pero cuando vuelve la "musa" nacen 3 o 4 poesías corridas. En el 2015 decido publicar mi segundo poemario que lleva por título "cuando nace del alma". Un trabajo más completo y donde se refleja la madurez a través de las poesías publicadas. Hubo colaboración de varias personas que han sido importantes no sólo poética sino en mi vida personal. Nuestro maestro de 10mo grado, Israel Rivera Náter nos enseñó a amar la poesía siendo Julia de Burgos una de las poetisas que más admiro y respeto. ¿A quién no le gusta un Pablo Neruda, un José Ángel Buesa? Estoy trabajando en mi tercer libro, el cual espero esté listo e impreso para el 2019. Aquí comparto un poquito de quien soy.

Olor a canela

Recorro tu espalda con mis recuerdos,
aun el olor a canela de tu piel
lo tengo grabado en mi cabeza.
el calor de tu piel todavía me quema...
No te das cuenta
que amo tu sola presencia?
Soy tan alegre y me siento tan llena
cuando tus llegas.
Esa mirada picara que enreda
esa sonrisa tan plena.
Al compartir, todo lo llenas.
este amor es lo que me queda,
este amor que, aunque tu no lo entiendas,
todavía me llena.

Sentido
(poética)

Se mezclan ideas que completan versos.
Oraciones con sentido,
palabras huecas, chuecas y vacías,
sin razón también surgen en ocasión.
Todo llega del no sé para formar un algo.
Se elevan sentimientos, se viven fantasías en unos
cuantos versos.
Se dibujan caras en mis entrañas.
Se mezclan cosas que parecen inalcanzables,
pero que mi musa las pone a mi alcance,
las hace reales por unos instantes.
Por un lapso finito de tiempo me transporto
haciendo crear palabras que se mezclan
y hacen un conjunto de estrofas, oraciones
y pensamientos que me elevan hasta el cielo.
Palabras que me hacen crear oraciones con sentido,
que unos llaman versos, pero que yo llamo expresión
de sentimientos.

La tertulia de Orlando

Maribel del Carmen Hernández Ramos

La tertulia de Orlando

 Maribel del Carmen Hernández Ramos, nació en valencia, Venezuela el 14 de mayo de1963. cursó sus estudios primarios en la escuela: maría teresa coronel en valencia; estudió el bachillerato docente en la escuela técnica "Rómulo nacional en el fuerte tiuna de caracas, organizado por las fuerzas armadas de Venezuela con su obra "bolívar en el tiempo". Se graduó de profesor, en la universidad experimental libertador, trabajó para la comisión nacional de cultura como facilitador y asesor del programa. en la universidad de valencia alcanza un magister en gerencia educativa. Emigro hacia los estados unidos, donde reside con sus hijas Saimi Armas y Letzy Góngora. Sus obras escritas, incluyen "Estirpe", "Los sueños de dios", "Bohemia hispana" y su libro" Rincón del alma secretamente"

Si tu pudieras mirarme

Si tu pudieras mirarme
con los ojos que yo te miro.
Encontrarías la fragancia
envuelta entre suspiros.
Adormitados amaneceres
de grandes amores sentidos
que abrigan cada mañana
tu presente,
y tu destino.
Si tu pudieras mirarme
con los ojos que yo te miro.
Correrías a mis pasos
y seria mi testigo.
En cada momento malo
mi brazo estará contigo
y en cada alegría tu alma
solo saltaba como niño.
Si tu pudieras mirarme
con los ojos que yo te miro.
Bendecirías con tus labios
todo lo bueno en cariño.
Tu mano seria extendida
al necesitado y al mendigo.
porque hay un sol que brilla
rebosante de cariño.

Si tu pudieras mirarme
con los ojos que yo te miro.
Bendecirías con tus labios
todo lo puro en cariño.
Y olvidarías el pasado
que dejaron los espinos
porque mi amor es más fuerte
y alto su poder divino.
Que nada turbe tu encanto
por ningún cruel destino
porque en mi estará la fuerza
que vencerá tu enemigo
y gloriaras con tus labios
a quien cambiará tu destino.
Me abrazaras en silencio.
yo tu padre, tu mi hijo.
si tu pudieras mirarme
con los ojos que yo te miro.

La tertulia de Orlando

Gracias a: Francisco Henriquez Rosa, Luis Eurípides Arzeno Romero, Adela Chía Arzeno, Narciso y Luisa Vargas, Karen Perdomo, Juan López, Oscar Delamota, Erika Maya, Julián Padilla, Clemente Gámez Noriega, Mundy Sánchez, Argel Alberto Román, Jorge Ramos, Eugenio Santana, Pablo y Nancy Colón, Dulce Miñoso, Carlos Paulino, Santa Paulino, Julio Cesar Paulino, José Noesi Núñez, Riquelmi Díaz, Ruth Orozco, José Lara. Edison Martes, Luisa González. Yocasta y Luis Henriquez, Mayra Pichardo, Vicky Castillo, Juan y Sandra Reynoso, Isabel y Rocio, Brunilda Matos y Rafael Gomez, Roxanna Mercado, Adalgisa Zouain, Ara Martinez, Pablo Medina, Ray De Leon, Nancy y Angel Aguasvivas, Susan Tobar, Belinda y Juan Martinez, Manuel Diaz, Nairobi Fowler, Alma Rivera, Nelida Malaga, Maribel Hernandez, Reynaldo Rodriguez, Nitza Valentin, Luz Lassen, Delsy Rodriguez, Mayra Reyes Sapeg, Zuleyka Castillo, Felicita Doble, Lorna Rolon, Jose Luis Guzman Martinez, Carlos Mazzeo, Virgilio Garcia, Fernando Almanzar, Elaine Vilar Madruga, Eduardo Herrera, Larry Tanzi, Joseline Belliard y Sandy Noboa, Augusto Veranio Rodriguez, Niza Ortiz, Jaime Matos, Victor Toribio, Victor y Josè Polanco, Francisco Maya, Rafaela Sanchez, Isabel Cordero, Miriam Martinez, Mayra Uribe, Margaret y Gilberto, Ana Terrero, Glenda Wojtasiak.

www.ingramcontent.com/pod-product-compliance
Lightning Source LLC
Chambersburg PA
CBHW060756050426
42449CB00008B/1424